Positives Denken

Wie Sie mit positivem Denken mehr Erfolg, Selbstbewusstsein und Zufriedenheit erreichen

Eine komplette Liste aller Bücher von Tim Winter finden Sie unter

http://amzn.to/1SCUAml

Inhaltsverzeichnis

Einleitung

Riesenchance im Beruf? Das wird sowieso nichts! In Liebesangelegenheiten jemand Interessanten kennengelernt? Der wäre doch viel zu gut für Sie. Wenn Ihnen diese Gedanken bekannt vorkommen, gehören Sie zu den gewohnheitsmäßigen Pessimisten, die sich von den Power-Menschen da draußen bis ins Mark erschüttert fühlen.

Bestimmt kennen auch Sie die Personen, für die alles wie am Schnürchen zu laufen scheint. Die Glückskinder, denen alles leicht von der Hand geht und die in jedem Bereich des Lebens einschüchternd bahnbrechende Erfolge erzielen. Was auch immer Power-Menschen in Angriff nehmen, ist von Erfolg gekrönt. Und nicht einmal verachten kann man sie: zu allem Übel sind sie auch noch von Grund auf sympathisch. Sie sind beliebt, leistungsstark und wie vom Glück geküsst.

Andere müssen sich mit Problemen herumschlagen. Was sie auch anfassen, geht nach hinten los und anstatt wie am Schnürchen zu laufen, reißt die Verbindungsschnur zu ihrem Erfolg permanent wieder ein.

In Sachen Glück und Erfolg sieht das Leben des Durchschnitts neben dem der Glückskinder so verschwindend gering aus wie ein Marienkäfer am Fuß eines Hochhauses. Da kann schon mal Neid aufkommen. Aber wieso werden Sie nicht einfach selbst zu einem Power-Menschen? Machen Sie Schluss mit Neid und werden Sie zu einem Glückskind. Hört sich undurchführbar an? Falsch, denn Glück ist lernbar und Erfolg ist reine Einstellungssache.

Was Sie von den Glückskindern da draußen unterscheidet, sind Ihre Gedankeninhalte.

Negative Gedanken und Pessimismus erschweren Ihnen den Erfolg im Privatleben, im Berufsleben und in sämtlichen Bereichen der sozialen Interaktion. Power-Menschen denken positiv. Wer negativ denkt, strahlt Negativität aus, ist weniger beliebt und trainiert sein Unterbewusstsein auf negative Ziele. Wer positiv denkt, visualisiert Positivität und kann dadurch erreichen, was auch immer er sich wünscht.

Der Weg zu Glück und persönlichem Erfolg eröffnet sich Ihnen mit einem positiven Mind-Set wie von selbst. Positive Gedanken führen Sie zu Zufriedenheit und Selbstvertrauen. Sie helfen Ihnen bei der Ziel-Visualisierung und der Ziel-Erreichung, lassen Sie positive Gewohnheiten aufbauen, Blockaden aufheben und Ihre Vorzüge stärken.

Noch kein Glückskind? Macht nichts, denn mit

praktischen Tipps und Übungen ändert sich das im Handumdrehen. Lernen Sie die Theorie und Praxis hinter dem Erfolgskonzept des Optimismus kennen: holen Sie sich Sonnenschein in den Kopf und damit Erfolg in die Hand, der Ihnen bisher unerreichbar erschienen ist.

Auch wenn Ihr Leben im Angesicht von Power-Menschen momentan wie ein Marienkäfer am Fuße eines Hochhauses wirkt, haben Sie noch immer Flügel. Mit einem positiven Mind-Set werden Sie diese Flügel endlich benutzen.

Der Kritiker im eigenen Kopf

Jeder Mensch kennt sie: die Stimme im eigenen Kopf. Den Kritiker, der die eigenen Handlungen infrage stellt, das eigene Aussehen verspottet, die eigene Person permanent mit anderen vergleicht oder einem bestimmte Dinge von vorneherein nicht zutraut. Früher haben unsere Eltern und Lehrer die Funktion des Kritikers erfüllt: sie haben bestimmte Dinge an uns kritisiert und uns bezüglich gewisser Ziele entmutigt, uns gleichzeitig aber im Bezug auf andere Angelegenheiten ermutigt. Jetzt sind wir erwachsen und genau wie die Stimme des Unterstützers ist die Stimme des Kritikers in unseren Kopf eingezogen. Sie wälzt sich wie ein zu heimisch gewordener Hausgast auf der Couch der Gedanken hin und her, bedient sich an unseren Ressourcen und bringt uns regelmäßig zum Heulen.

Sobald der Kritiker in unserem Kopf zu laut wird, erschwert uns das den Weg zu Glück und Erfolg. So wie der zu heimisch gewordene Hausgast ungefragt unsere Lebensmittel futtert und uns damit fast in den Ruin treibt, so futtert die Stimme des Kritikers ungefragt unser Selbstbewusstsein und unser Glück. Er treibt uns damit in Pessimismus bezüglich der eigenen Ziele und beschneidet uns um unseren Erfolg.

Eine zu kritische Haltung gegenüber der eigenen Person wirkt einschüchternd und desillusionierend. Den Job verloren? Du Versager, schimpft der Kritiker im Kopf mit uns. Die Ehe ist nach hinten losgegangen? Kein Wunder, lacht er, du wirst keinen Partner halten können. Sobald der Kritiker in Ihrem Kopf solche Gedanken äußert, verändert sich etwas an Ihrer Herangehensweise an die Dinge.

Wenn der Kritiker Sie zum Beispiel davon überzeugt hat, dass Sie beziehungsunfähig sind, werden Sie sich in Ihren zukünftigen Beziehungen unsicher verhalten und reagieren in einer Konsequenz dazu vielleicht sogar übertrieben eifersüchtig. So ergibt sich ein Teufelskreis: die Kritik des Kritikers verändert Ihr Verhalten negativ und die negativen Veränderungen Ihres Verhalten tragen unter Umständen dazu bei, dass der Kritiker mit seiner Kritik am Ende Recht behält. Sobald der Gedanke an die eigene Beziehungsunfähigkeit aufgetaucht ist, ziehen Sie diese Beziehungsunfähigkeit zumindest in Betracht und Ihr Unterbewusstsein ist darauf gepolt, den Kritiker zu bestätigen. Das nächste Mal wird seine Stimme durch die Bestätigung sogar noch lauter. Damit verringert sich Ihr Selbstbewusstsein immer weiter, bis es vom Kritiker erfolgreich aufgefressen wurde.

Das stellt Sie vor ein Riesenproblem, denn Selbstbewusstsein und Selbstwertgefühl sind die Grundvoraussetzung für alle Erfolge. Nur wer sich selbst wertschätzt, gibt sich Dinge von Wert. Eine geringe Wertschätzung gegenüber der eigenen Person bringt uns unterbewusst dazu, Chancen nicht zu erkennen oder zu ergreifen, immer den falschen Partner zu wählen oder schlapp zu machen, wenn es darauf ankommt.

Wie alle anderen psychischen Erkrankungen finden Depressionen und Ängste auf geringem Selbstwertgefühl einen idealen Nährboden und lassen riesige Bäume aus Problemen wachsen, die den Samen des Erfolgs wichtige Nährstoffe entziehen und sie eingehen lassen.

Der erste Schritt zum Erfolg ist daher die bewusste Wahrnehmung des inneren Kritikers. Nur wer den Kritiker erkennt und bekämpft, kann sich selbst annehmen und ein gesundes Selbstwertgefühl als Basis für eigene Erfolge entwickeln.

Wie Sie den inneren Kritiker die Sprache verschlagen

Der innere Kritiker in unserem Kopf hält uns davon ab, uns zu entfalten. Wir werden ängstlich, strahlen diese Angst durch unsere Körperhaltung oder sogar in Gesprächen nach außen ab, vertrauen nicht auf unsere Fähigkeiten und können sie daher auch nicht voll entwickeln.

Werfen Sie den inneren Kritiker von der Couch Ihrer Gedanken und am besten gleich aus dem Haus. Soll er doch im Garten versauern, wo er an die Ressourcen in Ihrem Kühlschrank nicht mehr herankommt - sprich, Ihr Selbstbewusstsein nicht mehr auszehren kann.

Mit einigen praktischen Tipps stören Sie den inneren Kritiker in seiner Bequemlichkeit.

Power Tipp Nr. 1

Hören Sie Ihrem Kritiker über einige Zeit zu und notieren Sie seine Aussagen für ein paar Tage wortwörtlich. Sie lernen den Kritiker so besser kennen und können anschließend bei vollem Bewusstsein konkrete Antworten entwickeln, die Sie dem Kritiker entgegenhalten.

Fragen Sie sich, mit welchen Aussagen der Kritiker Unrecht hat und notieren Sie sich neben die Aussagen, wieso sein Unrecht erwiesen ist. Falls ein Fünkchen Wahrheit in seinen Aussagen steckt, schreiben Sie neben diese Aussagen je eine Ihrer Stärken.

Power Tipp Nr. 2

Sobald Sie den Kritiker hören, fragen Sie sich bewusst, wer aus der ständigen Nörgelei einen Nutzen zieht. Denn Sie sind es mit

Sicherheit nicht. Machen Sie sich klar, dass der innere Kritiker nur Ihren Konkurrenten nutzt, nicht aber Ihnen selbst. Dieser Gedanke stärkt Ihre Motivation, den Kritiker zu überwinden. Aber Vorsicht: grübeln Sie niemals darüber nach, welche Schwächen die Personen haben, im Vergleich zu denen Sie nach Meinung des Kritikers unterlegen sind. Das sät negative Gedanken, die genauso kräftezehrend wirken wie die Kritik des Kritikers. Lassen Sie sich auf Vergleiche erst gar nicht ein: Sie sind Sie und das ist gut so.

Power Tipp Nr. 3

Wenn die nörgelnde Stimme Vergleiche mit anderen Personen zieht, machen Sie sich klar, dass die Vergleiche mit anderen Menschen nicht einmal fair sein können und relativ unnütz sind. Sie haben andere Dinge erlebt, als andere Menschen, empfinden anders als andere und besitzen einen persönlichen

Lebensweg mit persönlichen Zielen und einem persönlichen Verständnis von Erfolg.

Den Lebensweg eines anderen möchten Sie überhaupt nicht gehen und seine Erfolge müssen Sie nicht einschüchtern. Auch Neid hilft Ihnen nicht weiter: erkennen Sie stattdessen Ihre eigenen Erfolge an.

Selbstverständlich haben Sie Schwächen, aber genauso haben Sie Stärken. Werden Sie sich über diese Stärken bewusst und halten Sie diese dem Kritiker beim nächsten Vergleich mit anderen bewusst entgegen. Am wirkungsvollsten ist dieser Tipp, wenn Sie auf die Kritik des inneren Kritikers hin etwas tun, das Sie gut beherrschen.
Sie sind sportlich? Dann gehen Sie zum Laufen. Sie können gut schreiben? Dann tun Sie das. Wehren Sie sich gegen Vergleiche mit anderen und richten Sie den Blick bewusst

auf sich selbst und die eigenen Stärken. Antworten Sie dem Kritiker in Zukunft auf Vergleiche: Mir egal. Ich bin ich und ich hab was drauf!

Power Tipp Nr. 4

Wenn der Kritiker trotz dieser Schritte mal wieder zu laut wird, schreiben Sie als Gegenmaßnahme einen Liebesbrief an sich selbst. Heben Sie den Brief auf und packen Sie ihn immer aus, wenn die Nörgelei wieder anfängt. Wichtig ist, dass Sie sich selbst die Komplimente aus Ihrem Brief auch wirklich glauben.

Reden Sie sich nicht schön, sondern entdecken Sie, was Sie ehrlich schön an sich finden. Fragen Sie nicht Ihre Freunde oder andere Außenstehende, welche Stärken Sie besonders auszeichnen. Sie müssen alleine darauf kommen und die Komplimente ausschließlich aus sich selbst ziehen.

Power Tipp Nr. 5

So irrational viele Punkte Ihres inneren Kritikers sind, so steckt in anderen womöglich ein Funken Wahrheit. Wenn Sie einen Funken Wahrheit in der Kritik erkennen, verdrängen Sie diese Erkenntnis nicht. Sie würden sich damit nur selbst belügen. Statt zu verdrängen, akzeptieren Sie die eigenen Fehler. Arbeiten Sie an Punkten, die scheinbar ein Fünkchen Wahrheit enthalten. Nehmen Sie Ihre Schwächen an, aber nehmen Sie diese auf die leichte Schulter. Niemand ist fehlerlos, aber Ihre Schwächen geben Ihrem Kritiker noch lange kein Recht, Ihre gesamte Person infrage zu stellen.

Trotz Ihrer Schwächen sind Sie wertvoll – vergessen Sie das nicht! Wenn der Kritiker das nächste Mal nörgelt und mit seiner Kritik ein kleines bisschen richtig liegt, können Sie ihm antworten: Na und? Perfekt wäre uninteressant, dann hätte ich ja gar nichts, woran ich arbeiten könnte.

Sobald Sie den Kritiker in Ihrem Kopf unter Kontrolle haben, wird sich Ihre Gedankenwelt bereits ein Stück zum Positiven verändert haben. Sie werden sich an Chancen heranwagen, die Sie in der Vergangenheit noch erschreckt haben. Außerdem kennen Sie die eigenen Stärken und Schwächen nach der Auseinandersetzung mit dem Kritiker besser und haben eine realistischere Einschätzung, was Sie sich zutrauen können und woran Sie vielleicht arbeiten sollten. Der erste Schritt zu Erfolg, persönlichem Glück und Zufriedenheit ist damit getan. Zu einem durchweg positiven Mind-Set gehört allerdings mehr als die bloße Überwindung des Kritikers.

Die Power-Tipps auf den Punkt gebracht:

1. Notieren Sie sich die Aussagen des inneren Kritikers für ein paar Tage wortwörtlich. Schreiben Sie auf mit welchen Aussagen er Unrecht hat und wieso er damit Unrecht hab. Bei wahren Aussagen schreiben Sie neben der Aussage eine Ihrer Stärken.

2. Machen Sie sich klar, dass der innere Kritiker nur Ihren Konkurrenten nutzt, nicht aber Ihnen selbst. Motivieren Sie sich an dieser Erkenntnis.

3. Lassen Sie es nicht zu, dass der innere Kritiker Sie mit anderen vergleicht. Sie sind Sie und man kann Sie nicht mit anderen vergleichen – und das ist auch gut so. Als Antwort auf die Vergleiche Ihres inneren Kritikers mit anderen tun Sie etwas, was Sie gut beherrschen.

Das gibt Ihnen Selbstbewusstsein.

4. Schreiben Sie sich selbst einen Brief, in dem Sie stolz Ihre Stärken und das, was Sie gut beherrschen aufzählen. Wann immer der innere Kritiker sich äußert, lesen Sie sich Ihren Brief durch.
Kleiner Tipp am Rande: Fotografieren Sie Ihren Brief mit Ihrem Smartphone, sodass Sie den Brief immer und überall lesen können.

5. Nehmen Sie die wahren Aussagen Ihres inneren Kritikers auf und arbeiten Sie an Ihren Schwächen. Sie werden ganz bestimmt Erfolge damit erzielen. Aber denken Sie daran: Niemand ist perfekt – und das ist auch gut so!

Der Security-Mann der Wahrnehmung

Bestimmt kennen Sie das: jemand macht Ihnen ein Kompliment für einen bestimmten Arbeitserfolg. Was Sie aber darin hören, ist ein schnippischer Unterton, der Sie statt an ein Kompliment an einen Vorwurf glauben lässt. Wieso würde man Ihre Arbeit hochloben, wenn man Höchstleistungen von Ihnen gewohnt wäre? Ist Ihre Arbeit im Normalfall etwa so schlecht, dass man Sie schon für die geringste Kleinigkeit an guter Arbeit loben muss?

Ähnliche Szenarien ereignen sich auch im Privatleben. Sie haben fünf Kilo abgenommen und freuen sich. Zumindest bis Ihr Partner etwas sagt wie "Seit du abgenommen hast, bist du so wahnsinnig sexy." Ihre Freude über dieses Kompliment hält sich in Grenzen und eine Frage schleicht sich ein: Wie schrecklich muss ich vorher bitte ausgesehen haben?

Diese beiden Beispiele bringen es auf den Punkt: es fällt uns schwer, das Positive unhinterfragt als positiv anzunehmen. Der Grund für dieses Phänomen ist unsere Wahrnehmung. In jedem noch so ehrlichen Kompliment lässt sich etwas Negatives wahrnehmen. Dasselbe gilt in die Gegenrichtung.

Aber wieso nehmen wir eher Negatives wahr als Positives? Die Erklärung ist einfach: in jedem unserer Sinnesorgane sitzen Security-Männer. Sie sorgen dafür, dass unser Gehirn bei den Abermillionen von Reizen aus der äußeren Umwelt nicht überlastet. Sie filtern alle eingehenden Reize und weisen permanent bestimmte Eindrücke von der Disko unseres Gehirns zurück. Sie entscheiden, was in unserem zentralen Nervensystem überhaupt verarbeitet wird und welche Eindrücke in unserem Bewusstsein tanzen. Kurzum lassen die Security-Männer an der Tür zu unserem Bewusstsein nur die VIPs unter den Sinneseindrücken in unser Gehirn ein. Sie gehen dabei nach unterschiedlichen Gästelisten vor.

Eine davon hat evolutionsbiologische Basis. Die menschliche Art soll evolutionsbiologisch betrachtet auf Basis der Wahrnehmung möglichst optimal auf ihre Umwelt reagieren können. Diese Reaktionen stellen sicher, dass wir überleben. Weil Gefahren und Fehler unser Leben bedrohen könnten, schaffen es diesbezügliche solche Sinnesreize eher an der Security vorbei als positive Eindrücke. Wir nehmen ein halbvolles Glas aus diesem Grund zum Beispiel eher als halb leer wahr.

Um das Überleben zu sichern, gehen wir auf Nummer sicher und erkennen lieber zu viel Mangel, anstatt zu wenig. Schließlich ist es um des Überlebens Willen besser, jeden vermeintlichen oder drohenden Mangel früh genug wahrzunehmen und ausgleichen zu können. Mangel, Defizite und Fehler werden so von unserem Gehirn betont und absolut übertrieben dargestellt.

Neben diesen evolutionsbiologischen Hintergründen prägen auch unsere Emotionen, unsere Vorurteile, Meinungen, Interessen und Erfahrungen die Gästeliste unserer Security-Männer. Zahlreiche Studien haben erwiesen, dass wir aus der Gesamtheit an Eindrücken in einer Situation eher solche wahrnehmen, die zu unseren vorgefertigten Meinungen, unseren feststehenden Interessen, unseren Erfahrungen und unseren Emotionen passen. Auch durch Erfahrung und Erziehung wird der Security-Mann an der Schwelle zu unserem Bewusstsein z.B. auf Fehler und Defizite gepolt.

Erinnern Sie sich an Ihre Schulzeit: Sie haben Ihre Schularbeiten mit rot unterstrichenen Fehlern zurückerhalten. Das Richtige war in den Arbeiten aber nicht etwa grün markiert. Durch solche Erfahrungen wird der Security-Mann darauf trainiert, besonders Fehltritte und Defizite in Ihr Bewusstsein einzulassen und das Negative zu betonen. Er geht in der Annahme, dass Negatives stärker wiegt als Positives.

Bestimmt kennen Sie das: Sie erinnern sich an die eine negative Begebenheit, die Ihnen innerhalb von 24 Stunden passiert ist und blenden aus, dass Ihr Tag bis auf diese Begebenheit eigentlich gut war. Im Grunde nehmen wir durch die Filtermechanismen lediglich das wahr, was wir ohnehin erwartet haben: das Negative, auf das wir seit jeher gedrillt werden. Durch die natürlichen Prozesse unserer Wahrnehmung, später durch die Erziehung und noch etwas später durch unsere eigenen Emotionen und Gedanken.

Ein Teufelskreis ergibt sich: wer wegen entsprechender Erfahrungen pessimistisch denkt und fühlt, trainiert den Security-Mann noch stärker auf den Einlass von Sinneseindrücken, die den Pessimismus bestätigen. Damit macht man auch in Zukunft vor allem negative Erfahrungen mit der Welt, die den eigenen Pessimismus wiederum bestätigen. Der Security-Mann erhält auf diese Weise eine Gästeliste mit Namen wie "Versager", "Enttäuschung" oder "Misserfolg".

Wer dagegen ein positives Mind-Set besitzt und mit dem eigenen Erfolg rechnet, gibt dem Security-Mann eine Gästeliste mit dem Wörtchen "Erfolg" in die Hand. Automatisch verändert sich damit etwas an seiner Realität, denn unsere Wahrnehmung formt unsere Realität.

Wie wir die Dinge wahrnehmen, bestimmt unsere Herangehensweise an Dinge. Unsere Wahrnehmung hat nämlich evolutionsbiologisch automatisierte Reaktionen auf Situationen zur Folge. Nur wenn Sie dem Security-Mann an der Schwelle zu Ihrem Bewusstsein klarmachen, dass er Erfolgseindrücke einlassen darf, werden Sie Ihre Chancen auf Erfolg erkennen können und so auf Basis dieser Wahrnehmung handeln.

So setzen Sie Glück und Erfolg auf die Gästeliste

Wir müssen dem Security-Mann die Fokussierung auf Fehler und Negatives abtrainieren, um Erfolg zu haben. Stellen Sie sich vor, Sie sind mit dem Auto auf einer Allee unterwegs. Was tun Sie, um Unfälle zu vermeiden? Sie fokussieren am besten die Straße und nicht etwa die Bäume. Erwiesenermaßen lässt der Blick auf den Baum Autofahrer auf Alleen umso eher dagegen fahren.

Ein ähnliches Prinzip gilt für die Wahrnehmung: polen Sie sich auf das Wesentliche und damit auf das Positive um, anstatt mögliche Stolpersteine oder die eigenen Defizite zu fokussieren. Meist muss man lediglich seine Wahrnehmung ändern und die Dinge ändern sich von selbst.

Mit ein paar praktischen Tipps können Sie den Security-Mann Ihrer Wahrnehmung auf Erfolg, Glück und Zufriedenheit umpolen.

Power Tipp Nr. 1

Wahrnehmung ist ein Automatismus. Bewusst wahrgenommen wird nur wenig, da bewusste Wahrnehmung große Anstrengung erfordert. Hinterfragen Sie Ihre Wahrnehmung von Situationen, sobald Sie diese als negativ einschätzen. Nehmen Sie bewusster wahr und achten Sie dabei vor allem auf das Positive der Situation. Sie werden es nicht für möglich halten, aber jede Situation hat etwas Positives. Wir blenden es dem Automatismus zuliebe nur aus.

Konzentrieren Sie sich als Gegenmaßnahme auf nette Kleinigkeiten und freuen Sie sich darüber. Notieren Sie Ihre positiven Sinneseindrücke in Notizbücher und erinnern

Sie sich so besser an die Tausend guten Erfahrungen als an die eine schlechte Erfahrung Ihres Tages.

Power Tipp Nr. 2

Sprechen Sie für mindestens zehn Minuten pro Tag bewusst über positive Themen, die gute Laune machen. Reden Sie über Ihre Leidenschaften, Hobbys oder Dinge, die Sie lieben und blenden Sie dabei alles Negative aus.

Wissenschaftler haben herausgefunden, dass Gedanken für einen selbst erst wirklich greifbar werden, wenn sie ausgesprochen sind. Aus diesem Grund ist es wichtig, dass Sie das Gute nicht nur denken, sondern in Worte fassen: notfalls, indem Sie es alleine laut aussprechen.

Power Tipp Nr. 3

Beobachten Sie über eine gewisse Zeit akribisch Ihre eigenen Gedanken und Gefühle. Denken Sie bewusster und hinterfragen Sie Ihre Gedanken. Von den 60 000 Gedanken, die wir am Tag denken, zählt ein Großteil zu Automatismen, Vorurteilen, zum Gedankengut anderer oder ist schlichtweg ein Relikt grauer Vorzeit.

Versuchen Sie außerdem, Ihre Gefühle auf bewusste oder unbewusste Gedanken zurückzuführen. So lernen Sie sich besser kennen und erfahren, wie Ihr eigenes Innenleben funktioniert oder was Sie umtreibt.

Power Tipp Nr. 4

Gedanken führen zu Emotionen. Emotionen führen ab einer gewissen Intensität automatisch zu einer Handlung. Bei positiven

Gedanken ist das positiv. Bei negativen Gedanken gleitet es schnell ins Negative ab. Durch die bewusste Beobachtung der eigenen Gedanken erkennen Sie negative Gedankenprozesse früh genug, um die Handlung vorweg zu nehmen.

Normalerweise entspricht die Reaktion auf negative Gedanken und daraus entstehende Emotionen einem Automatismus, der uns immer tiefer in die Negativität führt. Durchbrechen Sie den Automatismus und reagieren Sie nicht blind auf Ihre Emotionen. Es geht nicht darum, negative Gedanken und Gefühle zu unterdrücken. Viel mehr sollten Sie Negativität abbauen, indem Sie Sport treiben, sich in Yoga üben oder beim Schreiben Dampf ablassen.

Power Tipp Nr. 5

Emotionen und Gedanken sind so flüchtig wie

das Wetter. Halten Sie sie also nicht fest, sondern lassen Sie sie gehen. Vorsicht: auch eine konkrete Bekämpfung von Negativismus verleitet uns häufig dazu, am Negativen festzuhalten – eben, weil wir es anders nicht zu bekämpfen wissen. Auch im Loslassen können Sie sich mittels Techniken wie Yoga oder Meditation üben.

Fragen Sie sich außerdem bei was auch immer Sie denken oder fühlen immer danach, ob es für die gegenwärtige Situation überhaupt eine Rolle spielt oder der Auslöser bereits verzogen ist.
Je mehr positive Erfahrungen Sie sammeln werden, desto mehr wird auch der Security-Mann Ihrer Wahrnehmung positive Eindrücke in Ihr Bewusstsein treten lassen. Sie werden auf diese Weise in eine Aufwärtsspirale eintreten. Nach einiger Zeit werden Sie so zum Herrn über Ihre Gedanken und Gefühle.

Gleichbedeutend damit werden Sie zum Herrn über Ihre Handlungen und Ihren Erfolg. Sie werden Chancen eher erkennen, Ihre Talente besser einsetzen und mit Ihren Schwächen besser umzugehen wissen. Sie werden nicht mehr nur auf Ihr Innenleben und reagieren, sondern aktiv und unabhängig agieren.

Dieses Prinzip zeichnet alle Power-Menschen aus und kann auch Sie zum Power-Menschen machen. Die Macht über Ihre bewussten Gedanken und Gefühle kennen Sie also schon mal. Wenn Sie jetzt noch das Unterbewusstsein für sich einspannen, ist der Erfolg schon fast garantiert.

Die Power Tipps auf den Punkt gebracht:

1. Nehmen Sie Dinge und Situationen bewusster wahr und achten Sie dabei vor allem auf das Positive. Konzentrieren Sie sich auf nette Kleinigkeiten und freuen Sie sich darüber. Notieren Sie alle Ihre positiven Sinneseindrücke in Notizbücher und lese Sie diese am Ende des Tages oder am Morgen des nächsten.

2. Sprechen Sie mindestens 10 Minuten am Tag über Positives – mit anderen oder mit sich selber. Vergessen Sie hierbei alle Negativität und konzentrieren Sie dabei sich auf die schönen Dinge, die Ihnen Freude bereiten.

3. Denken Sie bewusster nach und hinterfragen Sie Ihre Gedanken. Versuchen Sie Ihre Gefühle auf bewusste oder unbewusste Gedanken zurückzuführen, um sich selbst besser kenne zu lernen.

4. Reagieren Sie auf negative Gedanken. Versuchen Sie diese abzubauen, in dem Sie mit positiven Gedanken darauf reagieren und Dinge tun, an denen Sie Spaß haben.

5. Lernen Sie, negative Gedanken los zu lassen. Probate Mittel sind hierfür unter anderem Yoga und Meditation – probieren sie es aus!

Die Kraft des Unterbewusstseins

Das Unterbewusstsein schläft niemals. Es arbeitet ununterbrochen - idealerweise im Sinne des Bewusstseins. Das Bewusstsein und das Unterbewusstsein werden häufig als zwei Brüder bezeichnet: das Bewusstsein bläut dem Unterbewusstsein als großer Bruder ein, was es tun soll.

Ganz so verhält es sich im Zweifelsfall leider nicht: Zwischen Unterbewusstsein und Bewusstsein können große Diskrepanzen bestehen. Nur allzu häufig kommt es zum Geschwisterstreit und beide arbeiten gegeneinander. Da nicht nur bewusste Gedanken und Gefühle, sondern auch unterbewusste Phänomene einen entscheidenden Einfluss auf Gedanken, Gefühle, Wahrnehmungen und Entscheidungen haben, kann das Unterbewusstsein Ihrem verdienten Erfolg noch immer in die Quere kommen.

Wie fast alle Geschwisterstreitigkeiten ist der Zwist zwischen Bewusstsein und Unterbewusstsein nicht einmal böse gemeint: eigentlich versucht das Unterbewusstsein, es dem großen Bruder recht zu machen. Die Mittel dazu können allerdings wahre Blockaden auslösen und das genaue Gegenteil bewirken.

Schon Siegmund Freud wusste um die unvorstellbare Macht des Unterbewusstseins. Nur wenn der bewusste Glaube an Erfolg auch das Unterbewusstsein überzeugen und mitreißen kann, wird es Ihre bewusste Arbeit für Erfolg unterstützen.

Zwischen Bewusstsein und Unterbewusstsein besteht allerdings ein Kommunikationsproblem. Aus diesem Grund ist das Unterbewusstsein von bewussten Wünschen oder bewusst positivem Denken gar nicht so leicht zu überzeugen. Der große Bruder (Bewusstsein) muss sich möglichst klar ausdrücken und dazu die Sprache des kleinen Bruders (Unterbewusstsein) benutzen.

Studien haben mittlerweile belegt, dass das Unterbewusstsein mit Bildern kommuniziert. Seine Aussagen sehen wir im Traum zum Beispiel als Traumbilder. Neben Bildern zählen vor allem Emotionen zur Sprache des Unterbewusstseins. Das Bewusstsein muss seine Ziele und Positivität also in Bilder und Emotionen verpacken, um das Unterbewusstsein davon zu überzeugen.

Das Unterbewusste gilt als Traumfabrik: das nicht nur bezüglich des Schlafs, sondern auch bezüglich Ihrer Lebensträume. Stellen Sie sich Ihre unterbewussten Sphären einfach als

Dunkelkammer vor: Bilder, die hier abgelegt werden, gewinnen in der Realität an Gestalt. Das zumindest dann, wenn Sie diese mit dem nötigen Wissen über die richtigen Fotochemikalien und die Belichtungstechnik ablegen. Wenn Sie die Fotos in der Dunkelkammer einmal richtig abgelegt haben, entwickeln sie sich wie von allein.

Wenn Sie das Unterbewusstsein also einmal für Ihren Erfolg eingespannt haben, können Sie sich glücklich schätzen: anders als das Bewusstsein arbeitet es ununterbrochen und gibt solange keine Ruhe, bis sich der bewusste Glaube an Erfolg erfüllt hat. Werden Sie sich über die Kraft Ihres Unterbewusstseins bewusst und kommunizieren Sie ihm mit einigen praktischen Tipps Ihre Ziele. Auch in diesem Zusammenhang ist Positivität gefragt. Da das Unterbewusstsein besonders stark auf positive

Gedanken und Gefühle reagiert, hilft Ihnen das positive Mind-Set bei der Überzeugungsarbeit weiter.

Sie wundern sich, wieso es in Anbetracht seiner Kraft erst derart spät um das Unterbewusstsein geht? Ganz einfach: um Positivität in das Unterbewusstsein zu säen, haben Sie zunächst etwas Übung gebraucht. Die unterbewussten Sphären mittels positivem Mind-Set auf Erfolg, Zufriedenheit und Glück zu polen, ist verglichen mit den bewussten Sphären die Königsdisziplin.

So schaffen Sie in Ihrer Traumfabrik Träume von Glück und Erfolg

Das Unterbewusstsein lässt sich nicht belügen. Aus diesem Grund ist Authentizität bei der Kommunikation mit der mächtigen Kraft der wichtigste Schlüssel zum Erfolg. Ihr Bewusstsein kann dem Unterbewusstsein noch so oft einzubläuen versuchen, dass Sie mittlerweile an sich glauben, von Ihrem eigenen Erfolg überzeugt sind, an einen bestimmten Traum glauben oder das Glas nach einer Niederlage eher als halbvoll betrachten: solange Sie es tief in Ihrem Inneren nicht tun und sich mit diesen Gedanken nur selbst hinters Licht führen, wird das Unterbewusstsein davon Wind bekommen und weiterhin gegen Sie arbeiten.

Was das Unterbewusstsein tatsächlich erreicht, sind authentisch gefühlte Emotionen und positive Visualisierungen. Sie benötigen zur Kommunikation mit dem Unterbewussten also nicht nur eine konkrete Vorstellung, sondern müssen auch darauf achten, dass diese Vorstellung zu Ihnen als Mensch passt.

Bringen Sie das Geschwisterpaar Bewusstsein und Unterbewusstsein zunächst in regelmäßigen Kontakt miteinander. Nur wenn der Draht zwischen den beiden stimmt, wird sich das Unterbewusstsein überhaupt etwas vom großen Bruder sagen lassen.

Power Tipp Nr. 1

Bauen Sie im bewussten Zustand Kontakt zu Ihrem Unterbewusstsein auf, indem Sie kreativ werden. Schreiben Sie einfach drauf los, zeichnen Sie oder musizieren Sie. Wichtig ist, dass Sie dabei keine bewussten Gedanken verfolgen und sich keine Pläne zurechtlegen, sondern der Kreativität freien Lauf lassen.

Falls Ihnen das nur schwer gelingt, meditieren Sie vor den Kreativsitzungen oder verausgaben Sie sich körperlich beim Sport. So funktioniert die gedankenlose Kreativität noch leichter.

Power Tipp Nr. 2

Beginnen Sie, ein Traumtagebuch zu führen. Der Traum ist der einzige, direkte Kontakt, den wir regelmäßig mit unserem Unterbewusstsein haben. Sie erinnern sich kaum an Träume?

Dann bringen Sie es sich wieder bei, indem Sie noch in der Nacht des Traums zum Stift greifen. Je detaillierter Sie Ihre Träume notieren, desto stärker wird der Kontakt zu Ihrem Unterbewusstsein. Nach einer gewissen Zeit der Kontaktpflege können Sie mit der Überzeugungsarbeit beginnen.

Power Tipp Nr. 3

Wer das Unterbewusstsein für seine bewussten Zwecke einspannen möchte, setzt auf Visualisierungen. Also die bildliche Erfassung bestimmter Dinge. Formulieren Sie vor der Visualisierung konkrete Ziele schriftlich. Schreiben Sie diese gut sichtbar nieder. Aber Vorsicht: das Unterbewusstsein versteht weder Negationen, noch Vergangenheit oder Zukunft. Statt zu formulieren "Ich werde nicht mehr so ungesund essen." formulieren Sie daher lieber "Ich esse ab jetzt gesund."

Wieso das Unterbewusstsein keine Verneinung versteht? Ganz einfach: stellen Sie sich vor, dass neben Ihnen keine Katze steht. Was haben Sie gesehen? Vermutlich eine Katze neben sich. Sätze wie "Das mache ich gar nicht schlecht, ein bisschen Erfolg könnte schon drin sein." wirken auf das Unterbewusstsein nicht.

Ersparen Sie sich also Abschwächungen und sagen Sie selbstbewusst "Das mache ich gut und verdiene dafür Erfolg." Ihre ausformulierten Ziele sollten außerdem im Aktiv formuliert sein, damit sie das Unterbewusstsein stärker motivieren und ihm außerdem klarmachen, dass für jede Zielerreichung aktive Arbeit erforderlich ist.

Power Tipp Nr. 4

Es geht ans Visualisieren: nur die ausformulierten Sätze reichen dem

Unterbewusstsein als Motivation nicht aus. Hinterlegen Sie Ihre Ziele mit Bildern und echten Emotionen. Erstellen Sie hierfür Ihnen jederzeit sichtbare Zielkollagen. Stellen Sie sich beim Anblick der Kollage in den intensivsten Farben und Bildern vor, wie sich der Weg zur Zielerreichung und schließlich das erreichte Ziel für Sie anfühlen würde. Idealerweise stellen Sie sich den Prozess inform von konkreten Situationen vor, die Sie riechen, schmecken, hören, sehen und auf der Haut spüren.

Je mehr Sinne Sie mit Ihren Visualisierungen ansprechen, desto vielversprechender und desto einleuchtender wird es dem Unterbewusstsein sein, dass die Situationen tatsächlich eintreffen werden und dass sich die Arbeit dafür lohnen wird.

Auch hierzu ist der Schlüssel erneut ein

bewusst positives Mindset: nur wer tatsächlich an den Erfolg glaubt und wahrhaftig positiv denkt, wird das Unterbewusstsein mit seinen Visualisierungen überzeugen.

Power Tipp Nr. 5

Der beste Zeitpunkt für Visualisierung ist der Tagesbeginn. Machen Sie die Visualisierung zu einer allmorgendlichen Routine und beginnen Sie idealerweise damit, sobald Sie die Augen aufgeschlagen haben. Sie werden so positiver in den Tag starken und motivierter mit den Tagesgeschehnissen umgehen.

Am besten legen Sie morgens bei der Visualisierung eine Gute-Laune-CD auf, um die motivierende Erfahrung wahrzunehmen. Haben Sie Spaß - den weiß Ihr Unterbewusstsein nämlich zu schätzen. Übrigens mag es auch kindische Spielereien wie Reime - ein echter, kleiner Bruder eben.

Sobald Sie das Unterbewusstsein für sich eingespannt haben, wird sich vor Ihnen wie aus dem Nichts der Weg zum Erfolg eröffnen. Mit Ihrer neuen Einstellung werden Sie Chancen erkennen und wahrnehmen. In Rückschlägen werden Sie Lernerfahrungen und so das Positive entdecken und so mit positivem Denken ein besseres Selbstbewusstsein, mehr Zufriedenheit und größten Erfolg erreichen. Kaum etwas kann mehr schief gehen, denn das Gesetz der Anziehung wird sich zu Ihren Gunsten wenden. Nur eines kann dem Erfolg noch entgegenstehen: Die Trägheit des Unterbewusstseins.

Wenn Sie nur Ihr Ziel visualisieren und nicht den Prozess der Zielerreichung, hat das Unterbewusstsein zum einen keinen klaren Plan vor Augen und geht zum anderen aufgrund der Visualisierungen schlimmstenfalls in der fälschlichen Annahme, das Ziel sei längst erreicht.

Deshalb sollte der große Bruder Bewusstsein immer eingreifen, sobald das Unterbewusstsein träge wird. Die Intervention entspricht einer Visualisierung von einzelnen Schritten zum Ziel, die dem Unterbewusstsein Prozesscharakter signalisiert.

Die Power Tipps auf den Punkt gebracht:

1. Seien Sie kreativ. Verfolgen Sie dabei keine bewussten Gedanken und legen sich keine Pläne zurecht, sondern lassen der Kreativität freien Lauf.

2. Führen Sie ein Traumtagebuch. Legen Sie dafür ein Notizbuch auf Ihren Nachtschrank und schreiben Sie am Morgen oder noch in der Nacht das alles auf, was Sie geträumt haben. So bauen Sie Kontakt zu Ihrem Unterbewusstsein auf.

3. Formulieren Sie Ihre Ziele schriftlich. Machen Sie dies in der Gegenwartsform, verwenden Sie keine Verneinungen und schreiben Sie es so auf, als hätten Sie dieses Ziel bereits erreicht. Als Beispiel: „Ich wiege x Kilo und habe einen athletischen, durchtrainierten Körper!“

4. Visualisieren Sie Ihre Ziele, indem Sie sich diese bildlich vorstellen. Ist Ihr Ziel Ihr Traumauto zu besitzen, dann schließen Sie die Augen und stellen sich vor, wie Sie jetzt in Ihrem nagelneuen Auto sitzen, das Lenkrad fest umklammern, den neuen Geruch des Fahrzeuges wahrnehmen, die Sonne in Ihr Gesicht scheint, Ihre Lieblingsmusik laut aufgedreht ist und Sie sich einfach blendend fühlen.

5. Starten Sie den Tag positiv mit der Visualisierung Ihrer Ziele. Das gibt Ihnen Kraft, Energie und Motivation in den Tag zu starten und für Ihre Ziele zu arbeiten.

Das Gesetz der Anziehung - ist das Universum eine Wunschbox?

Nicht Kleider machen Leute, sondern die Gedanken. Menschen sind, was sie denken. Dass positive Gedanken glücklicher und zufriedener machen, hat nicht nur mit der erwiesenermaßen positiven Auswirkung auf die Gesundheit und Leistungsfähigkeit zu tun.

Bestimmt haben auch Sie bereits vom Gesetz der Anziehung gehört, dass seit dem Film "The Secret" in aller Munde ist. Wir sollen dem Universum so positiv begegnen, wie wir uns vom Universum behandelt sehen möchten, so lautet die Quintessenz. Laut dem Gesetz der Anziehung, auch Resonanzgesetz genannt, zieht Gleiches Gleiches an. Bezogen ist dieses Gesetz auf die Gedanken oder Gefühle einer Person und ihre äußeren Lebensumstände. Unsere Innen- und

Außenwelt verhält sich laut des Gesetzes in Analogie.

Mit positiven Gedanken ziehen wir also das Positive an wie Marmelade die Insekten. Vertreter des Gesetzes gehen davon aus, dass jeder unserer Gedanke und jedes Gefühl Menschen mit ähnlichen Gedanken und Gefühlen anzieht. In einer Folge verändern wir mit unserem Denken nicht nur unsere innersten Bedingungen, sondern auch das äußere Umfeld und werden so mehr positive Erfahrungen machen.

Das Gesetz der Anziehung beruht auf den energetischen Schwingungen aller inneren Vorgänge. Jeder Gedanke hat eine bestimmte Energie. Jedes Gefühl und jede Handlung besitzen Energien. Diese energetischen Schwingungen übertragen sich auf die Außenwelt und entfalten dort zwingend eine

Wirkung. Egal ob Sie das Universum analog zu "The Secret" als eine Riesenwunschbox interpretieren, oder nicht an den Hokuspokus hinter dem Gesetz glauben: fest steht, dass positives Denken zumindest leichter zu positiven Ergebnissen, Erfolgen und Zufriedenheit führt. Und das ganz ohne Hokuspokus, sondern aufgrund der biologischen Charakteristika unseres Wahrnehmungsapparats und des Unterbewusstseins.

Wer seine Wahrnehmungsfilter für das Positive öffnet und Positivität ins Unterbewusstsein sät, sieht automatisch mehr Positivität. Er ändert seine Einstellung. Durch diese Zusammenhänge wird er aus Gewohnheit auch in schlechten Ereignissen einen Funken Positivität entdecken.

Schlusswort

Positives Denken bedeutet nicht, positive Affirmationen vor sich hinzubrabbeln und blind daran zu glauben, dass schon nicht Negatives passieren wird. Stattdessen ist sich ein positiver Denker durchaus darüber bewusst, dass negative Dinge passieren. Trotzdem spürt er sie nicht als negativ, sondern weiß ihre positiven Aspekte zu schätzen und für sich zu nutzen.

Ein Mensch mit diesen Fähigkeiten wird zu einem Power-Menschen: andere haben ihn gerne um sich, weil er durch seine Körperhaltung und seinen Lebensmut Positivität verbreitet. Automatisch wird diese Art Mensch leichter Erfolge verzeichnen, weil sie den Erfolg von kleinen Dingen zu erkennen weiß. Sie ist in Harmonie mit ihren Gedanken und Gefühlen und lässt sich nicht von flüchtigen Stimmungen zu Negativhandlungen hinreißen.

Ob das Universum nun tatsächlich eine riesengroße Wunschbox ist und auf Schwingungen reagiert, ist gänzlich irrelevant. Ein positiv denkender Mensch ist zufrieden und glücklich, weil er für die kleinsten Dinge mit Authentizität und aus tiefstem Herzen dankbar ist. Diese Dankbarkeit ist ein wichtiger Schlüssel zu privatem, als auch beruflichem Erfolg.

Negativität zieht andere mit herunter und am Schlimmsten blockiert sie die eigene Person. Sogar wenn es mies läuft, sogar wenn Sie Schwächen haben, sogar wenn Sie nicht in jedem Lebensbereich so erfolgreich sind wie andere: persönliche Erfolge gibt es immer. Die Betonung liegt auf persönlich. Was für den einen ein riesengroßer Erfolg ist, muss es für den anderen nicht automatisch auch sein.

Positiv denkende Power-Menschen erkennen diese Zusammenhänge an. Sie kennen sich selbst, kennen ihre Ziele, nehmen ihre Schwächen an und bejahen ihren Lebensweg. Ohne diese Bejahung der eigenen Person und des gewählten Lebensweges können Sie so erfolgreich sein, wie Sie nur wollen: glücklich und zufrieden sind Sie ohne ehrliche Selbstbejahung trotzdem nicht.

Mit den im Buch beschriebenen Power Tipps werden Sie es bei kontinuierlicher Anwendung schaffen, sich ein positives Mindset anzueignen und ein Power-Mensch zu werden. Machen Sie es sich also zum Ritual, einige dieser Tipps täglich anzuwenden (zum Beispiel am Morgen oder am Abend). Bleiben Sie am Ball und ziehen Sie es durch. Sie werden erstaunt sein, was diese kleinen Rituale bewirken können!

Lernen Sie das eigene Innenleben kennen und glauben Sie an sich selbst! Haben Sie Spaß mit Ihrem Leben und gönnen Sie sich Dinge, die Ihnen positive Gefühle bereiten. Konzentrieren Sie sich auf die eigene Person und auf das, was Sie persönlich für gut erachten. Seien Sie offen, erweitern Sie Ihren Blickwinkel, Ihre Interessen und Ihre Freude am Leben. Sagen Sie nicht von vornherein Nein zu Dingen, sondern probieren Sie diese aus und befreien Sie Ihren Geist. Werden Sie zu einem Ja-Sager!

Und denken Sie immer daran: Sie sind besonders und einzigartig!

Dankeschön

Abschließend möchte ich mich noch von ganzem Herzen bei Ihnen bedanken, dass Sie mit dem Erwerb dieses Ratgebers Vertrauen in mich, meine Erfahrungen und meine Arbeit gesetzt haben.

All das Wissen habe ich mir über die Jahre angeeignet und versuche dieses so gut verständlich und einfach umsetzbar wie möglich zu vermitteln, um Sie auf Ihren Lebensweg zu unterstützen.

Ich hoffe, dass Sie Einiges aus diesem, bewusst kurz gehaltenen Ratgeber mitnehmen konnten und mit den Inhalten, Tipps und Tricks positive Veränderungen erzielen.

Über ein Feedback Ihrerseits mittels einer kleinen Bewertung auf Amazon würde ich mich sehr freuen.

Ich wünsche Ihnen für Ihre Zukunft alles erdenklich Gute und würde mich freuen, wenn ich Sie mit meinen Erfahrungen und weiteren Tipps unterstützen kann.

Herzlichst grüßt,
Tim Winter

Weitere Bücher von Tim Winter

Speed Reading

Wie Sie mit Speed Reading sofort Ihre Lesegeschwindigkeit verdoppeln, schneller lesen und verstehen werden

http://amzn.to/1UA9ize

Rechtliches und Impressum

Ich bin stets bemüht, alle Informationen und Angaben in diesem Buch korrekt und auf dem neusten Stand zu halten. Leider ist es trotzdem nie vollkommen ausgeschlossen, dass Fehler und Unklarheiten entstehen. Aus dem Grund übernehme ich keine Gewähr für Aktualität, Richtigkeit, Qualität und Vollständigkeit dieses Werkes. Für Schäden, die durch die (Nicht-) Nutzung dieser Informationen, sowohl mittel- als auch unmittelbar entstehen, hafte ich nicht. Für Hinweise auf Fehler oder Unklarheiten bin ich Ihnen sehr dankbar.

Tim Winter wird unterstützt durch

Torben Gebbert
An der Burgstelle 35
28197 Bremen

timwinterautor@gmail.com

14841404R00038

Printed in Poland
by Amazon Fulfillment
Poland Sp. z o.o., Wrocław